Ce long périple

QUI DONC
EST DIEU ?

Ce long périple

Charles Juliet

Bayard

Je tiens à remercier ici Mme Claude Plettner à qui je dois d'avoir écrit ce livre.

ISBN 2.227.01114.9
© Bayard Éditions, 2001
3, rue Bayard, 75008 Paris

Prélude

Votre question, « Qui donc est Dieu ? », m'invite à exposer l'idée que je me fais de dieu, la représentation que j'en ai, la place qu'il tient dans ma vie. J'observe avant toute chose qu'elle présuppose qu'il existe. Or c'est précisément ce dont il faut débattre au préalable. Aussi, je voudrais d'entrée de jeu substituer à cette question celle que tout être humain – pour peu qu'il soit conscient des énigmes que nous posent l'univers, notre présence sur terre, cette histoire de l'humanité dont nous savons maintenant qu'elle est vieille de plus de six millions d'années – que tout être rencontre un jour ou l'autre : ce dieu auquel croient tant d'hommes, tant de chrétiens, a-t-il ou non une existence ? Comment en vient-on à penser que dieu existe ? À la suite de quelle démarche ? De quel élan ? De quel saut dans l'inconnu ? Et si l'existence de cet être transcendant est admise, quel rapport entretient-on avec lui ?

Les réponses que je donne à ces questions, je n'ai pu les trouver qu'après avoir parcouru un long chemin, accompli un périple qui aura duré une vingtaine d'années.

*
* *

Enfant, j'ai reçu une éducation religieuse, plus précisément, chrétienne. De huit à douze ans, j'ai même été enfant de chœur. Je suis donc « allé au catéchisme », et j'ai assisté à des centaines de messes, vêpres, baptêmes, enterrements, prières du soir et chemins de croix. Garçon obéissant, respectueux de ce que ma mère m'inculquait, je me conformais à ce qu'on exigeait de moi et prenais les choses avec sérieux. Bien sûr, à cette époque, je ne m'inquiétais pas de savoir si dieu existait, mais il est certain que ce qu'on m'enseignait et aussi les nombreux offices que j'ai suivis, ont imprégné ma sensibilité. Je me souviens notamment de ces jours de la Semaine sainte, du mois de Marie, où venaient prêcher dans notre église des « missionnaires d'Ars » (dans notre région est souvent évoqué ce curé (1786-1859) qui vécut à Ars, village des Dombes où je me suis d'ailleurs rendu en pèlerinage à plusieurs reprises. Je rappelle en passant que ce curé d'Ars a été l'une des trois sources d'inspiration de *Sous le soleil de Satan*, le premier roman de Bernanos). Ces missionnaires qui étaient des orateurs à la voix puissante, m'impressionnaient fort et je buvais leurs paroles avec ferveur.

À douze ans, j'ai quitté mon village pour entrer dans une école militaire. En ce nouveau lieu, j'ai continué d'assister à la messe dominicale pendant deux ou trois ans. Puis sans même en avoir pris la décision, j'ai abandonné cette pratique, et ce que j'avais reçu de mon éducation religieuse sembla s'être détaché de moi.

J'étais devenu un adolescent. Si la religion n'avait plus sa place dans ma vie, il n'en restait pas moins que des questions me harcelaient – celles qui sans doute hantent l'homme depuis le fond des temps : d'où vient l'univers ? qui l'a créé ? un dieu existe-t-il ?

quelles raisons aurais-je de croire à son existence ? y a-t-il une vie après la mort ?...

Je me souviens de ces heures que j'ai passées nuit après nuit, étendu sur le dos, à fixer les étoiles, à les interroger, à ressasser ces questions auxquelles je ne savais que répondre. Combien étranges et lointaines étaient ces fines lumières qui dessinaient une immensité dont la contemplation m'écrasait, me confrontait au peu que nous sommes – ce qui n'était pas pour consolider un désir de vivre parfois vacillant.

Vertiges, désespoirs de l'adolescence quand on découvre que nous ne sommes sur cette terre que pour un bref passage, que rien ne demeure, que le temps détruit tout, ne laisse que ruines, décomposition, oubli...

À vingt-trois ans, le besoin d'écrire que je combattais depuis quelques années, s'est fait irrépressible et j'ai dû lui céder. J'ai quitté l'armée, abandonné mes études de médecine, et me suis trouvé embarqué dans une aventure dont je ne pressentais rien de ce qu'elle serait, rien de la contrée où elle pourrait me conduire, rien de celui en lequel elle allait me transformer.

Très vite j'ai pris conscience de mon total manque de culture et de mon incommensurable ignorance. Je me suis alors jeté sur les livres avec voracité. Dans le même temps, je m'évertuais à écrire, mais les textes que je me soutirais ne me satisfaisaient pas. Années noires, confuses, brouillées par des doutes, une lourde angoisse, des échecs. Par la haine de soi.

Un jour, *La montée au Carmel* de Jean de la Croix m'a été prêté. J'ai lu avec application cette œuvre à laquelle je n'ai pas compris grand-chose, mais certaines phrases m'ont percuté. Notamment cette plainte qui n'a pas cessé de retentir en moi : *qu'est-ce que tout cela qui n'est pas éternel ?*

Je n'ai pas accepté d'avoir échoué à comprendre ce que Jean de la Croix avait à me dire de son ascension, et lorsque je me suis senti mieux armé pour affronter cet ouvrage, je l'ai repris. Puis je suis passé à ses autres œuvres et j'ai poursuivi avec celles de Thérèse d'Avila.

À partir de cette époque et pendant des années, l'essentiel de mon temps a été consacré à lire des ouvrages de spiritualité ou

des ouvrages relatant une aventure intérieure.

Dans le plus parfait désordre, j'ai lu Maître
Eckhart, Suso, Tauler, Ruysbroeck, Hadewijch
d'Anvers, saint Augustin, Catherine de Sienne,
Angelus Silesius, Bernard de Clairvaux (deux
semaines passées à savourer mot après mot,
syllabe après syllabe, les remarquables ser-
mons qui lui furent inspirés par le Cantique
des cantiques). Souvent, j'ouvrais aussi la
Bible. Pour revenir aux textes qui avaient ma
préférence : les Prophètes, Job, les Psaumes,
l'Ecclésiaste, les Évangiles...

Puis j'ai eu le désir de découvrir des sages
et des mystiques héritiers d'autres cultures,
d'autres traditions. Sont apparus sur ma
table le Coran, la Bhagavad Gîtâ, le Tao-
tö-king, Plotin, Grégoire de Narek, Rûmî (souvent relu), Hallâj, Ibn'Arabi, Niffari, Rûzbe-
hân, Toukaram, le starets Silouane, Milarepa,
Shrî Ramana Maharshi, Swami Ramdas,
Confucius, Lie-tseu, Tchouang-tseu, Lin-
tsi, Houei-Nêng, des contes hassidiques...
À ceux-là se sont ajoutés des ouvrages consa-
crés au bouddhisme, au taoïsme, au zen, ou
encore à l'histoire des religions...

Je dois citer à part Mâ Ananda Moyî et Krishnamurti dont les textes m'ont beaucoup apporté et longtemps accompagné.

Outre ces auteurs, je lisais aussi des écrivains. La rencontre de l'œuvre de Kazantzakis a été pour moi importante. Un jour où j'étais sans doute particulièrement réceptif, j'ai lu *Le Pauvre d'Assise*, sa biographie de François d'Assise, et ce livre m'a positivement envoûté. Pendant les jours qui ont suivi, coupé de la réalité, j'ai vécu en état de possession, habité par cet homme qui est allé si loin dans la désappropriation de lui-même.

Années de grande solitude, de dure concentration, d'une avidité insatiable. Ma boulimie était à la mesure de mon désarroi, et quand je songe aujourd'hui à ces milliers de pages que j'ai englouties, je me demande comment j'ai pu ne pas imploser. Parfois, saturé, épuisé psychiquement et physiquement, j'étais pris de dégoût pour tous ces livres, et je restais des semaines sans pouvoir en ouvrir un. Écrire m'était tout autant impossible. Mais la discipline que je m'imposais m'interdisait de m'échapper. Incapable de rien faire, je demeurais à ma table pendant

de longues heures. Des heures à me parcourir, m'observer, à tenter de déceler ce qui
m'entravait, m'empêchait d'atteindre ce dont
j'avais soif.

*
* *

Au cours de ces années-là, je me suis lon-
guement attardé sur ces œuvres, certaines
n'étant plus désignées que par le nom de
leurs auteurs. Sans doute pourrait-on penser que ces orgies de lectures n'ont engendré
en moi que confusion, chaos. Je crois être
fondé à dire que tel ne fut pas le cas. À force
de fréquenter ces œuvres, de les sonder, j'ai
fini par m'ouvrir à la compréhension de ce
dont elles m'entretenaient, et il m'est apparu
que leurs auteurs, par-delà d'indéniables
divergences dues à des différences de culture, d'époque, de personnalité, disent tous
la même chose. Laquelle pourrait sommaire-
ment se résumer ainsi : il importe de se déga-
ger du moi – les motivations, idées, réactions,

désirs, sentiments, comportements détermi-
nés par l'égocentrisme – et de vivre cette
mutation qui consiste à naître une seconde
fois. Mais pour naître, il faut d'abord mourir. Mourir à soi-même. Mourir au besoin de
dominer et posséder. Mourir au savoir et aux
prétentions de l'intellect...

Franchir cette étape est une sérieuse
épreuve. Cette mort dans laquelle le corps
lui-même est impliqué ne peut survenir qu'à
l'extrême du désespoir. Et désespoir est le
mot. Car accepter d'entrer dans le néant, c'est
être ravagé par l'angoisse. D'autant que cette
mort est vécue dans l'ignorance de ce qu'elle
va engendrer. Se résigner à mourir, c'est se
résigner à disparaître. Ce n'est qu'après avoir
donné son consentement à cette disparition,
que l'être ancien s'efface et qu'entre en existence un être nouveau : autre manière d'être,
autre conception de la vie, autre regard porté
sur soi-même, sur autrui, sur le monde...

Cette mort, il va de soi qu'il n'est pas possible de la provoquer. Elle ne peut se produire
que lorsque l'être abdique tout vouloir,
renonce au contrôle qu'il exerce habituelle-
ment sur lui-même. Mais que de peurs à sur-

monter pour arriver à lâcher prise, s'abandonner, se livrer en toute confiance à ce dont
on ne sait rien.

Si l'obligation de passer par la mort ne se
manifeste pas, rien ne peut la susciter. Si elle
se manifeste, impossible de s'y soustraire,
de ne pas gagner ce désert où règnent la nuit,
le dénuement, la plus totale des solitudes.

*
* *

Je reviens à la question, ou plutôt, à celle
qui me paraissait devoir la précéder : dieu
existe-t-il ?

Cette question qui me harcelait quand
j'étais adolescent, elle a fini par me déserter,
et ce n'est donc pas elle qui m'a poussé à lire
les mystiques. Si j'ai passé bien des heures
à les interroger, à dialoguer avec eux, ce
fut essentiellement pour trois raisons. En
premier lieu, je voulais découvrir ce qu'ils
avaient vécu, les étapes par lesquelles
ils étaient passés, le trajet qu'ils avaient

parcouru. En second lieu, je leur ai demandé de confirmer certaines intuitions que j'avais. Enfin, alors que j'hésitais encore sur la direction à prendre, j'ai trouvé chez eux les jalons qui m'ont aidé à baliser ma voie. Peut-être avais-je aussi le désir de m'approcher de ce feu qui les dévorait, dans l'espoir qu'il aviverait les quelques braises qui rougeoyaient dans ma nuit.

À aucun moment je n'ai cherché dans ces écrits des éléments qui m'auraient amené à croire en l'existence de dieu. D'ailleurs, après avoir acquis un minimum de connaissances au sujet de différentes religions, j'ai fini par avoir la conviction – après bien d'autres – que dieu n'est qu'une création de l'homme et que ce vocable est une manière de désigner ce qu'on peut appeler le soi.

Reste maintenant à définir ce que recouvre ce mot.

Pour être vrai, pour conquérir la connaissance et l'amour, pour avoir chance de goûter en de brefs instants à l'impérissable, il faut livrer un âpre combat avec soi-même. Il faut descendre en soi, explorer son inconscient, travailler à se connaître. Barrage des peurs, de l'angoisse, des multiples défenses. L'œil intérieur, partie intégrante du magma qu'il a rôle de scruter, fausse ce qu'il capte. Pour qu'il soit l'instrument d'une perception directe de soi, le regard doit s'inverser, épurer l'œil dont il émane et s'affranchir de ce qui conditionne sa vision.

Ce travail de mise à jour de vieilles blessures et de secrets éventuellement honteux, entraîne de véritables séismes. D'où des crises, des effondrements. Mais le murmure donne voix à des intuitions qui guident, encouragent, aident à garder le cap. La clarification et l'unification se poursuivent, mais interminable paraît le chemin où l'on progresse avec une telle lenteur. Lorsqu'un jour on ne peut plus lutter, on dépose les armes, et c'est alors qu'il faut pénétrer dans le goulet de la mort. Après avoir consenti à n'être rien, subitement l'être se trouve régénéré. Un être nouveau se dresse, des énergies nouvelles affluent, une nouvelle vie commence.

Désormais pacifié, en accord avec lui-même, adhérant pleinement à la vie, l'être se stabilise dans un état de sérénité, de confiance, de force, de bonté, de compassion… Cet état indissociable d'une exigence éthique, indissociable du besoin de toujours s'élever sans rien trahir de ce qui constitue notre part terrestre, cet état peut être appelé le soi.

Vivre une aventure spirituelle, c'est effectuer ce long périple qui mène du moi au soi, de l'ignorance à la connaissance, de l'égocentrisme à l'amour.

*
* *

Qu'on croie ou non en l'existence de dieu me semble secondaire. En revanche, ce qui me paraît de toute première importance, c'est le rapport que nous établissons avec nos semblables et la société (et aussi avec les animaux et la nature). Soit je cherche à dominer, me conduis en prédateur – toujours plus d'argent, de possessions, de pouvoir, de prestige… –, soit je veille à respecter autrui, à ne pas le blesser, le léser, l'exploiter…

Un devoir s'impose à chacun, qui prime

sur tous les autres : celui de se connaître, de se centrer sur l'essentiel, de vivre en obéissant à cette exigence éthique qui se fait impérieuse lorsqu'on accède au soi.

Une étape importante est franchie quand on naît à soi-même. Mais l'aventure ne prend fin qu'avec notre existence. Chaque matin le moi resurgit, et chaque matin la lutte recommence. Mais c'est ce combat incessant qui nous garde éveillés, nous aiguise, nous maintient au vif de l'être.

Le texte qui précède, je l'ai écrit d'un seul mouvement, en me tenant au plus près de ce que j'avais à dire. Mais je me rends compte qu'il est par trop succinct. Je vais donc revenir sur certains points et les développer.

L'écriture

Deux raisons au moins m'ont fait organiser ma vie autour de l'écriture. Elles m'étaient tout à fait claires lorsque j'ai eu à changer de cap.

À vingt-trois ans, après avoir porté un uniforme pendant onze ans (École d'enfant de troupe, puis École du service de santé militaire), il m'a fallu refuser ce qui m'était imposé. Certaines circonstances avaient voulu que je sois engagé sur cette voie, et je ne l'acceptais plus. J'éprouvais un incoercible désir d'être libre, de prendre mon destin en main, de devenir responsable de ma vie.

Par ailleurs, le besoin d'écrire s'était emparé de moi – un besoin absolument impérieux, avec lequel il n'était pas possible de transiger. Un jour, j'ai donc décidé de me faire réformer. J'y suis parvenu, et pour moi, une vie nouvelle a commencé. Mais cette rupture m'avait déstabilisé, et un long temps a dû passer avant que je ne me récupère.

Dès que j'ai été libre, ma vie s'est effectivement organisée autour de l'écriture. Et parce que j'étais désemparé, que je redoutais d'aller à vau-l'eau, je me suis soumis à une sévère discipline.

Pendant longtemps, j'aurais été incapable de dire ce qui se trouvait à la source de cette nécessité intérieure. Une brume impénétrable rendait cette source invisible. Mais la brume a fini par se dissiper et je pense maintenant que cette nécessité a ses racines dans mon enfance. Je l'ai découvert en écrivant *Lambeaux*, un récit autobiographique qui m'a conduit à élucider certaines choses me concernant.

À l'âge d'un mois, j'ai subi une fracture psychique, et par la suite, j'ai porté le fardeau d'une culpabilité qui m'empêchait de vivre – culpabilité inconsciente, liée à la mort de ma mère. Je pense que cette fracture et cette culpabilité ont été à l'origine de mon besoin d'écrire. Mais tout n'est pas réductible à des causes qu'on pourrait clairement identifier. Ce qui détermine un destin comporte toujours quelque chose d'inexplicable.

Dans cette longue analyse de moi-même à

laquelle je me suis livré, rien n'a été prémédité. J'ai écrit un *Journal* parce que j'en ressentais la nécessité. Je souffrais de la confusion dans laquelle je me trouvais. Il fallait que je me clarifie, me mette en ordre, et l'écriture y a grandement contribué.

Quand rien n'en passe dans les mots, ce qu'on pense concernant les questions qui nous assaillent, demeure – du moins en général – flou, sans contours, mouvant, insaisissable. Au contraire, quand on veut le formuler, on est amené à le capter, le préciser, le structurer, l'approfondir.

Ce *Journal* a été en fait l'instrument qui m'a permis de m'explorer, de me découvrir, de me révéler à moi-même. Il a été à la fois une sonde, un scalpel, un outil de forage, le brabant à l'aide duquel j'ai labouré la terre intérieure. Par la suite, il est devenu ce miroir où est apparu un visage que j'ai dû reconnaître pour mien.

Sans l'écriture, sans ces notes qui accompagnaient chacun de mes pas, il est certain que cette quête, déjà fort lente, aurait davantage traîné en longueur. Je pense même qu'elle aurait bien pu ne pas aboutir.

*
* *

L'écriture pour me dispenser d'une psychanalyse ?

J'ai mis longtemps à saisir ce que je poursuivais et qui était la connaissance, puis la transformation de mon être. Quand j'ai commencé à écrire, je n'étais armé que de ma seule passion et je ne savais rien de la psychanalyse. J'étais d'une ignorance et d'une inculture inimaginables. Et j'avais des œillères. Seules l'écriture et la littérature m'intéressaient. Il s'est passé de longues années avant que je ne pousse de rares incursions dans ce montueux continent de la littérature psychanalytique. Encore maintenant, ma culture en ce domaine est des plus restreintes. Mais le peu que j'en connais, je pense l'avoir complété et enrichi par ce que j'ai vécu et compris au cours de mes plongées intérieures.

Il n'est pas contestable que mon *Journal* a été le lieu d'une autoanalyse. Mais curieusement, ce sont des lecteurs qui me l'ont fait découvrir. Le rapport que j'avais avec ces cahiers de notes excluait que je les voie sous cet angle et que j'applique ce mot à l'aventure qu'ils relataient.

*
* *

Cette aventure peut être vécue avec rigueur et demeurer infraconsciente. J'en ai fait plusieurs fois le constat en rencontrant certaines personnes. D'ailleurs, il faut remarquer que le besoin de vivre cette aventure de la quête de soi est totalement indépendant des qualités intellectuelles du sujet, de sa capacité d'expression, de sa culture.

Quant à moi, j'aurais pu ne rien publier. À deux ou trois reprises, j'ai failli cesser d'écrire. L'aventure me tirait vers le silence, me persuadait que l'écriture était une étape à dépasser. Mais il est apparu que mon besoin de mettre en mots ce que je vis, a été plus fort que ce qui cherchait à le déraciner.

La traversée

La totalité de ce que j'ai écrit – notes de *Journal*, poèmes, récits, études – a eu sa source dans ce voyage intérieur qu'il m'a fallu vivre pour aller du moi au soi, naître à celui que j'étais et dont je n'avais pas connaissance. Ce périple, j'ai cherché maintes fois à en rendre compte, à cerner ce en quoi il consiste. Quitte à me répéter, je vais tenter à nouveau de le décrire, d'en indiquer les étapes. Tout en n'ignorant pas que ce que j'en dirai ne sera qu'une piètre évocation de ce qui se déroule au cours de cette aventure. Car il s'agit bien d'une aventure. En ce sens qu'on ne sait rien du point vers lequel on se dirige, rien du temps pendant lequel il faudra cheminer, rien de celui qu'on sera devenu après avoir subi de nécessaires métamorphoses. C'est en aveugle qu'on avance dans l'inconnu et c'est un mur d'angoisse qu'il faut traverser pour se risquer à ce premier pas par lequel on entre dans la nuit.

Tout commence par un lourd sentiment d'insatisfaction. D'ennui. Parfois de dégoût. Une accablante sensation de mal-être.

Un regard de soupçon est porté sur une société où prévalent nombre de valeurs fort discutables. Bientôt, ne pouvant plus participer au concert ambiant, on se retrouve à l'écart. Besoin de silence, de solitude. Des questions longtemps étouffées se font de plus en plus insistantes : qui suis-je ? en fonction de quoi pensé-je ce que je pense ? pourquoi ai-je tel et tel comportement ? d'où me viennent ces peurs, ces désirs, ces entraves ? quelle a été mon enfance ? quels rapports ai-je avec mes proches ? que vais-je devenir ? à quel âge vais-je disparaître ? que pourrais-je apporter à ma communauté ? comment vivre en acceptant que tout nous quitte ? comment me séparer de cet enfant que j'ai été et qui survit en moi ? que faire de cette vie qui m'est à charge ? quel est ce feu en moi qui ne me laisse aucun répit, m'entretient dans ce lancinant désir d'une vie autre, une vie sans laideur, sans souffrance, peut-être une vie coupée du temps et de la mort et qui ne serait plus que joie éternelle ?...

Questions foisonnantes, inextricables, chaotiques. Questions qui épuisent, harcèlent la tête autant qu'elles mordent à même la chair – la chair du corps, la chair de l'âme.

À force d'écouter cette voix qui ne cesse de parler à l'intime de l'être, l'œil interne s'ouvre, explore, inspecte, enregistre les plus subtils mouvements du magma.

Travailler à se connaître, c'est faire pénétrer la lumière du conscient dans la nuit de l'inconscient.

*
*   *

Ce travail d'exploration doit en passer par la douleur, la détresse, par cette « terre froide » que j'évoque dans le titre du premier tome de mon *Journal.*

Quelqu'un qui se met en chemin, c'est quelqu'un qui est insatisfait. Insatisfait de ce qu'il est, de l'existence qu'il mène, de la société dans laquelle il vit. Un jour, cette âpre insatisfaction s'accentue et une crise éclate.

L'aventure commence donc par un malaise, une souffrance, un besoin de rupture. Elle se poursuit par une exploration au cours de laquelle sont exhumés de douloureux souvenirs : blessures d'enfance, expériences malheureuses, lâchetés diverses... De plus, on découvre des aspects de soi peu reluisants et qui inspirent de la honte.

En creusant davantage, on provoque des remises en cause qui entraînent de sérieux bouleversements. Déjà morcelé, fragmenté, déchiré par toutes sortes de doutes et de contradictions, l'être se trouve bientôt en charpie. Détresse. Une angoisse qui étouffe. La solitude étend son cercle. Des périodes d'inertie, d'aridité. Devenue « froide », la terre semble ne plus pouvoir accueillir le moindre ferment.

Désormais, l'aventure paraît devoir s'achever sur un échec, un irrémédiable effondrement. Frayeur. Mais impossible de rebrousser chemin. Des liens se dessèchent, des amitiés meurent. L'élagage n'a pas à être entrepris. Bien des choses inutiles tombent d'elles-mêmes. Mais se dépouiller, laisser derrière soi ce qui alourdissait, entravait la marche, cela ne va pas sans arrachements.

Ainsi, ce travail d'exploration et d'élimination implique que sol et sous-sol soient défoncés et retournés en tous sens.

Parallèlement se fait jour une aspiration qui est pour une bonne part à l'origine de l'aventure. L'instante aspiration à échapper aux limites qui bornent notre condition. À vivre l'immense, l'immuable. À gagner un espace où ne règnent plus ni le temps ni la mort.

De surcroît, la situation est susceptible de se compliquer en raison de difficultés matérielles. Une exigence de vérité, d'authenticité est apparue, et elle peut conduire à abandonner une profession, changer de style de vie, refuser certaines contraintes de la vie sociale...

On voit donc que ces remaniements internes sont source d'épreuves, de déchirements, de profondes souffrances.

Ceux qui ont été embarqués dans cette aventure en ont souvent parlé comme d'une descente aux enfers. On doit les croire sur parole.

Une attention extrême à soi-même va de pair avec un lourd désespoir. Pour plusieurs raisons faciles à concevoir.

Se mettre en chemin, c'est commencer à éroder, à saper le moi. Travailler à ne plus être un individu ego-centré.

Dans le même temps, il faut s'employer à éliminer une personnalité de surface qui vous a été imposée par votre famille, votre milieu social, éventuellement une institution.

L'uniforme que j'ai porté de douze à vingt-trois ans se doublait d'un uniforme intérieur qui modelait ma pensée, mes réactions, ma personnalité. J'ai dû déchirer et rejeter cet uniforme, et cette première phase de ma mue m'a passablement bousculé. Je démolissais ce qui devait être rejeté, mais au terme de cette mise au net, dans quel état allais-je me trouver ?

L'œil intérieur ne cessait d'observer, inspecter, juger, condamner. Il était si prompt à intervenir, à me prendre en défaut, à stigmatiser aussitôt ce qui cherchait à naître, que la vie était tuée à sa source. Un désert s'étendait en moi et j'en arrivais à ne plus pouvoir vivre.

Cet œil policier ne se fermait jamais. Il interrompait mon sommeil et me maintenait éveillé pendant d'interminables et exténuantes insomnies. Totalement dissocié, j'étais la proie d'un combat qui voulait qu'une part de moi soit en guerre contre l'autre. Mon besoin de m'élever spirituellement n'avait pour effet que de me rendre plus conscient de ma petitesse, mes limites, mon indigence.

La haine de soi elle aussi peut vous enfoncer dans le désespoir.

*
*   *

Souvent j'ai pris peur. Peur de me tromper. Peur de me perdre. Quand vous cheminez, vous vous sentez très loin des autres. Ces autres qui, soudain, ne vous apparaissent plus comme des semblables. Eux, ils sont installés dans l'existence, ils prennent la vie comme elle vient, ne se posent pas trop de questions, et vous, au lieu de vous construire, vous vous démantelez, vous demandez avec angoisse où cela va vous conduire. Vous êtes dans une totale solitude. Car vous découvrez que sur bien des sujets – politique, société, religion, littérature, peinture, cinéma – vous pensez généralement à rebours de ce que pense autrui.

Fréquemment, j'ai cru que je m'égarais, que je faisais fausse route. Je m'imposais donc d'étouffer ce que je pensais et d'adhérer à ce que pense le plus grand nombre. C'était ajouter à mes doutes, à mon manque de confiance en moi, une double source de confusion.

De plus, je n'aurais pas su clairement rendre compte de ce que je vivais. Et même si j'en avais été capable, je ne me serais pas risqué à me lancer dans des explications. Cette aventure, on ne peut en parler. Elle demeure incompréhensible à ceux qui n'ont pas un tant soit peu l'intuition de ce qu'elle est. Je tiens qu'il n'est pas possible de comprendre par l'intellect ce qu'elle implique. Seul peut comprendre celui qui en a l'expérience.

J'ai eu maintes fois l'occasion de songer à cette parole d'un maître zen adressée à un interlocuteur qui, au lieu de chercher à saisir ce qu'on lui exposait, ne faisait que multiplier les questions, s'éloignant chaque fois davantage du point dont il aurait fallu s'approcher. De guerre lasse, le maître avait coupé court à l'entretien en laissant tomber ces quelques mots :

« Soit vous comprenez, et en ce cas, je n'ai rien à vous expliquer.

Soit vous ne comprenez pas, et dès lors, toute explication serait inutile. »

Pendant plusieurs années, je n'ai rien compris à ce que je vivais, et je ne pouvais me douter qu'un jour cette épreuve aurait une issue. À aucun moment la souffrance ne desserrait son étau. Une souffrance qui me rongeait, m'annihilait, m'ôtait toute dignité et que je ressentais comme un châtiment. Comment dès lors n'aurais-je pas regretté d'avoir abandonné mes études ? regretté de m'être fourvoyé dans ce qui me paraissait alors une piteuse aventure ? Je vivais sans vivre, enlisé dans mon marasme, hanté par la peur d'être un raté, de sombrer dans la déchéance.

Par chance, j'ai toujours joui d'une bonne santé physique et mentale, et mes origines paysannes m'ont doté d'un solide bon sens. De sorte que je n'ai jamais perdu pied, ne me suis jamais déporté, jamais écarté du chemin que j'avais à suivre. Plus je souffrais, et moins je pouvais m'échapper. Je sentais obscurément qu'il me fallait me livrer au pâtir, que je devais refuser toute forme de fuite ou de refuge.

Longtemps, absorbé par ma vie interne, laminé par des crises qui rétrécissaient mon champ de vision, je me suis dépris du monde sensible. La réalité extérieure, bien sûr je la voyais, je savais en tenir compte, mais je ne lui accordais pas l'importance qu'elle doit avoir. Mon besoin de m'élucider, la grande concentration dans laquelle je vivais, mon brûlant désir d'accéder à l'intemporel, tous trois m'inclinaient à me détourner de ce qui m'entourait. Ainsi pendant trop longtemps ai-je délaissé mon corps, négligé de répondre à ses attentes et ses besoins. Je sais maintenant que la sagesse consiste à concilier, à mettre en accord notre part terrestre et notre part spirituelle. À cette époque je ne le savais pas. Et l'aurais-je su que cela n'aurait rien changé. Je subissais un état qu'il ne m'était pas loisible de faire évoluer. D'autant que j'ai souvent donné dans « le fétichisme de l'absolu ». Mais comment aurait-il pu en aller autrement ? Je m'étais engagé de tout mon être dans cette traque et j'avais l'âme d'un fanatique.

D'ailleurs, le désespoir n'est rien comparé à cet effroi qui s'empare de vous quand vous devez reconnaître que vous êtes dominé par des forces impossibles à maîtriser. Vous voudriez lutter, tenir en respect ce qui vous taraude, mais vous êtes trop épuisé, et vous n'avez plus le courage de continuer à mener ce combat. Totalement démuni, ne pouvant contrôler ce qui tourne inlassablement dans votre tête, vous vacillez, sentez qu'approche l'instant où vous allez être submergé et happé par la folie.

Après être né à moi-même, je n'ai pas regretté d'avoir traversé cette épreuve. Ce qui m'a été octroyé quand elle a pris fin, était à la mesure de ce que j'ai enduré.

La souffrance qui m'a accablé, il va de soi que je l'ai toujours combattue. Mais, à supposer que ce soit possible, ce serait une erreur de chercher à s'y soustraire. Force est de convenir que la souffrance est ce riche terreau où pousse la connaissance – la connaissance de soi et, par là même, la connaissance d'autrui.

*
* *

Plus haut, j'ai parlé de magma. En effet, je vois notre vie psychique comme un magma. Un magma formé par les laves de nos désirs, peurs, illusions, regrets, idées, révoltes, élans, remords, sentiments, émotions, croyances, certitudes, passions diverses... Cet agglomérat est parcouru, parfois secoué par des énergies qui s'interpénètrent, changent d'intensité, s'entre-heurtent, se combattent. S'y ajoute encore la mémoire, ce qui demeure en nous de notre enfance, de notre passé – souvenirs heureux ou malheureux, persistantes rancœurs, poignantes nostalgies, actions viles, espoirs déçus...

En étant attentif à cette substance interne, en l'observant, en la pénétrant, en percevant les plus subtils mouvements qui l'animent, on en vient à connaître ce qui la constitue, et par des prises de conscience successives, on réussit à repousser, éliminer ou dissoudre une bonne part de ce qui appartient au moi, relève de l'égocentrisme.

Au cours de cette longue période où s'effectue la table rase, alors que vous vous sentez perdu, que vous ne savez quelle direction prendre, le murmure intérieur donne voix de loin en loin à des intuitions qui vous guident, vous réconfortent, vous enjoignent de continuer à cheminer.

Mais un jour, au dernier stade de l'épuisement, dévasté par un désespoir auquel vous ne pouvez vous arracher, incapable de faire un pas de plus, vous renoncez à vouloir, à vous battre, vous laissez s'effondrer vos défenses et vous songez : « Je m'en remets au destin. Advienne que pourra. Si à l'instant la mort survenait, je lui ferais bon accueil. Enfin je serais délivré de ce qui me ronge. Enfin je pourrais dormir et me reposer. » Alors vous vous abandonnez.

Dans un total dénuement, le corps et l'âme endurent les affres de l'agonie. Puis c'est la mort. Contre toute attente, une paix fait suite à cette suspension de la vie. Une paix et un silence jusque-là inconnus.

Naissance d'un être nouveau, d'un nouveau regard. Début d'une nouvelle vie. C'est si vrai qu'au sortir de cette seconde naissance, il arrive que des êtres brisent leurs amarres, quittent leur famille, changent de nom et de profession...

Après avoir cheminé pendant d'interminables années, le pérégrin a atteint un pays où règnent la simplicité, l'humilité, la bonté, la liberté, la sérénité, la force, la confiance en soi et en la vie, la compassion, la sagesse, la lumière – tous mots pour moi interchangeables, quasiment synonymes, chacune de ces notions supposant l'existence des autres. Le moi – égoïsme, étroitesse, orgueil, recherche du pouvoir et de la domination – s'est effacé et a été remplacé par des manières d'être et de penser qui n'ont rien de commun avec lui.

Auparavant, le conscient et l'inconscient étaient le plus souvent en conflit, entretenaient cet infernal tourment de la dualité. Le premier prenait des décisions, nourrissait des désirs qui s'opposaient à ce que souterrainement imposait le second. Mais au fur et à mesure que s'accomplissait le travail de clarification et d'unification, le conscient a évolué. En forant l'inconscient, en le désencombrant de ce qui s'y était amassé, il a gagné en lucidité, acquis une fine connaissance du fonctionnement de la machinerie psychique, et les habituels conflits et tensions disparaissent. Dès lors, l'être n'est plus cette marionnette dont l'inconscient tire les fils. Devenu capable de se percevoir et se voir avec une certaine objectivité, il est maintenant mû par de toutes autres valeurs et motivations.

On pourrait dire les choses différemment :

Après avoir sapé le moi et rejeté cette personnalité de surface dans laquelle il se sentait à l'étroit, l'être s'éprouve désorganisé et totalement désorienté. Dans la situation où il est, il n'a pas le pouvoir d'engendrer celui qu'il doit devenir. En s'abandonnant à ce qui opère en lui, en se laissant diriger par ces intuitions qui lui indiquent cela vers quoi il progresse, il finit par rejoindre sa part la plus personnelle, la plus spécifique, la plus authentique, sorte de noyau dur inentamable, inaliénable, où sommeillaient cette sagesse et cette exigence éthique qui gîtent en nous et qu'il faut faire apparaître dans la lumière de la conscience.

Ainsi voit-on que le soi n'a pas à être créé. Il préexiste en nous. Pour l'atteindre, tout se passe comme si nous avions à simplement franchir ou écarter les obstacles qui hérissent le chemin conduisant jusqu'à lui.

Dans la mesure où elles ne se consument pas en de stériles conflits, des énergies insoupçonnées se libèrent, foisonnent, octroient bonheur d'être et de vivre à celui qui désormais adhère pleinement à lui-même.

*
* *

Il y a aujourd'hui en moi une assise, une fondation. Elle a été posée par toutes ces années d'interrogations, d'explorations, d'avancées et de reculs, de réflexion, de lectures, de découvertes, de prises de conscience… Cette fondation est solide et je sais que rien ne peut la briser ou me la retirer. Elle se confond avec mon centre, ou encore avec ce pays dont je viens de parler. (Ce sont là différentes manières d'évoquer un même état intérieur.)

Je ne suis pas installé à demeure dans ce pays auquel m'a introduit ma seconde naissance. J'en suis parfois chassé par ce moi qui ne se laisse pas exterminer et qui, à tout propos, ne manque pas de manifester sa présence et sa vigueur. Mais je n'ignore plus que ce pays existe, j'y ai déjà séjourné, et je sais que je n'aurai pas longtemps à chercher pour en retrouver le chemin.

Cela étant, je ne peux nier qu'à être l'hôte de ce pays, je connais parfois des instants de jubilation. Nulle ivresse alors, mais une extrême gravité et un profond silence. Un état assez curieux où je suis hors du temps. Où cohabitent, sans se tempérer l'une l'autre, une sourde joie de vivre et une âpre douleur d'être. Ma passion de la vie exulte en même temps que me déchire la conscience de l'indéracinable souffrance humaine. Je suis enfoui au plus intime de ma pulpe, et s'échappant de moi, d'amples vagues d'amour déferlent pour aller au loin. Il arrive aussi que des larmes embuent mes yeux. Larmes de ravissement autant que de souffrance. (« Amour », ce mot dont on fait un si fréquent usage et qui bien souvent signifie un peu n'importe quoi, je l'ai banni de mon vocabulaire. Mais ici, je n'ai pu éviter de l'employer.)

Ces instants, assez rares, ils surviennent toujours en fin d'après-midi, après que j'ai travaillé pendant trois ou quatre heures, et que, la fatigue aidant, je suis en mesure de m'abandonner. Auparavant, lorsqu'ils prenaient fin, je vivais mal la retombée dans le quotidien. Mais depuis quelques années, ce passage m'est moins pénible.

*

* *

Un grand nombre de personnes n'éprouvent pas le besoin de vivre cette aventure et ne s'en portent pas plus mal. Bien souvent, un tel problème les fait sourire et les pousse à penser que c'est perdre son temps que de s'en préoccuper.

D'autres se mettent en chemin, mais sans être animés par une passion suffisante. Ceux-là se retrouvent un jour dans une impasse, ou se satisfont à bon compte, ou se perdent en route, ou prennent peur et abandonnent... Il y a tant de manières de s'illusionner, de se mentir, de s'égarer, de se figurer que le chemin emprunté ne mène nulle part. Ces êtres fort nombreux qui ne cessent d'errer ou qui ont fait halte, sont parfois dans une grande souffrance. J'en rencontre de temps à autre et je me sens proche d'eux. Je n'oublie pas que je pourrais être un des leurs. Que j'aurais pu vainement tourner en rond, me laisser vaincre par l'épuisement, marcher sans fin au plus sombre de la forêt en ayant perdu l'espoir d'en sortir.

Il me faut maintenant rappeler que nous existons selon quatre dimensions : la dimension physique, la dimension affective et émotionnelle, la dimension rationnelle, la dimension spirituelle. Dans un individu, ces dimensions peuvent avoir une même importance, ou au contraire, présenter une certaine disparité. Par exemple deux d'entre elles se trouvent avoir un rôle prééminent, tandis que les deux autres sont restées en sommeil. Chez certains êtres, la dimension spirituelle peut être inexistante, ou bien hyperdéveloppée. Nous savons bien d'ailleurs que les humains n'ont pas d'égales capacités physiques, d'égales capacités intellectuelles. Sur le plan spirituel, il n'en va pas différemment. Dès lors, on comprend que le besoin de se connaître et se transformer, quand il existe, peut être faible, intermittent, ou à l'inverse, si impérieux qu'il fait tout passer au second plan. C'est l'intensité de ce besoin qui, pour une grande part, déterminera l'issue de la quête.

On m'a soutenu à plusieurs reprises qu'un être ne peut parvenir à se connaître, et que c'est se leurrer que de prétendre le contraire. Lorsque je me suis trouvé engagé dans cette aventure, j'ignorais que je me lançais dans une entreprise soi-disant vouée à l'échec. Et parce que je l'ignorais, je n'ai pas eu à renoncer avant même d'avoir effectué mes premiers pas.

Tout est fonction de la passion qui habite celui qui se met en route. Si elle manque d'intensité, le périple tournera court ou s'enlisera. Si elle est irrépressible, alors elle donnera l'énergie, la détermination, le courage, la ténacité de conduire la quête jusqu'à son terme. Mais si ardente que soit cette passion, trop de facteurs sont en jeu pour que celui qui chemine soit assuré de pouvoir un jour trouver la sortie du labyrinthe.

Cette voix qui murmure en nous, il lui arrive de parler sur un ton implacable qui nous contraint à lui obéir. Mais souvent, ce murmure est si ténu qu'on met longtemps à le percevoir. Une vie peut même s'écouler sans qu'il soit perçu. Ou bien on l'entend, mais on refuse de comprendre ce qu'il dit. Combien cela est étrange. Que tant de choses des plus importantes adviennent ou n'adviennent pas selon que ce murmure est fort ou faible, selon qu'on lui prête attention ou qu'on reste sourd à ce qu'il balbutie. Mystère que cette voix qui parle puis se tait, et qui parfois, en un instant, peut bouleverser le cours d'une vie. Être un écrivain, c'est vivre le plus possible dans le silence et demeurer à l'écoute de ces mots chuchotés qu'il importe de capter et de coucher par écrit.

Pourquoi certains êtres ne ressentent pas l'appel de la forêt ? Pourquoi d'autres y pénètrent et s'y perdent ? Pourquoi d'autres encore la traversent et débouchent dans la lumière ? Nulle réponse possible à de telles questions.

*
* *

Se connaître, devenir qui l'on est, vivre en fonction du soi, me semble une nécessité impérieuse. Un devoir qui doit passer avant tout autre. Car dans cette affaire, le sujet n'est pas seul concerné.

Nos rapports avec autrui sont à l'image des rapports que nous avons avec nous-même. Ce que nous sommes intérieurement induit nos paroles, nos comportements, nos actes, et de la sorte se projette sur l'extérieur. Un être qui se hait risque fort d'entrer en conflit avec autrui, alors que celui qui s'est clarifié, a chance de n'être jamais un facteur de tensions et d'inimitié.

Il serait utile que dans les lycées, les facultés, on parle à des adolescents de la nécessité de se connaître, de se mettre en ordre. Nombre d'entre eux en tireraient un grand profit, et il est légitime de penser que bien des incompréhensions, des mésententes, des souffrances, des échecs, sans doute des drames, seraient ainsi évités. Quand il m'arrive d'aller dans une classe et que j'entretiens les élèves de ce problème, je constate qu'ils sont vivement intéressés et qu'ils n'avaient jamais entendu parler de ce type d'aventure.

Il est parfois effarant de voir à quel point des personnes qui ont pourtant accès aux livres, à la culture, à une certaine réflexion, vivent dans l'ignorance de ce qui les meut. Mais dans notre société matérialiste, déshumanisée et déshumanisante, où les valeurs morales sont souvent méconnues, voire délibérément bafouées, rien n'est conçu pour nous inciter à travailler en nous-même. Qui plus est, cette société se montre de plus en plus brutale, de plus en plus envahissante, nous soumet à d'insidieuses forces de dépersonnalisation. Nous devons en être conscients si nous voulons nous soustraire à son emprise, ne pas la laisser mutiler en nous cette part si fragile, si vite réduite au silence.

*
* *

Il peut arriver qu'un savoir – par exemple théologique ou psychanalytique… – nous détourne de cette connaissance. Tout d'abord, il faut remarquer qu'il y a deux formes de savoir (il est entendu que les deux savoirs que je vais opposer l'un à l'autre portent essentiellement sur la réalité psychique.)

Donc deux savoirs : un savoir d'origine livresque, constitué par des informations logées dans la mémoire. Et un savoir tiré à la fois du vécu et d'une auto-observation qui se poursuit tout au long de l'aventure. Pour le différencier du premier, on dira de ce savoir qu'il est connaissance. En ce cas, le sujet a connu, expérimenté, souffert ce qui a produit cette connaissance. Celle-ci demeure ouverte, elle fait partie intégrante de l'être, elle s'augmente en permanence des apports que lui fournissent le vécu et une constante observation de soi. Ainsi contrôlée, affinée, ordonnée, complétée, vivifiée, elle n'a pas la sécheresse, peut-être la rigidité de ce qui a été puisé dans les livres et fixé dans la mémoire.

Il y a bien des siècles, Tchouang-tseu avait déjà remarqué que « le savoir ne sait pas ». On pourrait même dire : « Le savoir ne connaît pas. » Il n'a pas la connaissance de ce dont il est pourtant informé.

Il est des êtres surchargés de savoir, mais en qui vécu et pensée ne communiquent pas. C'est à eux que pourrait s'appliquer cette formule : « Ils savent tout mais n'ont rien compris. »

Chez l'être qui vit dans l'ignorance de lui-même, le savoir ne peut être que confusion, bric-à-brac. N'étant pas claire, n'ayant pas de base, la pensée est dans l'impossibilité de l'organiser et de l'utiliser à bon escient. En outre, quand il est placé sous la dépendance du moi, le savoir est un instrument de pouvoir. Dès lors, on comprend qu'il fasse barrage à la quête de soi. Pour partir à la recherche de la connaissance, il faut être humble, accepter de ne rien savoir.

Il me revient ce souvenir. Il y a quelques années, un ami m'avait invité à me rendre avec lui dans un monastère pour rencontrer un vieux moine avec lequel il entretenait une correspondance. Entre les offices auxquels nous avons assisté, nous avions eu des heures d'échange avec cet homme qui vivait cloîtré depuis cinquante ans. Il y avait en moi une forte demande et je lui ai posé des questions précises. J'espérais qu'il m'entretiendrait de son existence de reclus, qu'il me ferait entrevoir en quoi ces années de silence et de contemplation l'avaient enrichi, en bref, qu'il éclairerait mon chemin et m'aiderait à le poursuivre. Je dois avouer que j'avais été déçu. Ce qu'il m'avait dit n'était pas l'expression d'un vécu, mais la simple répétition de choses apprises, que je connaissais déjà.

*

* *

La culture elle aussi peut être un moyen de se fuir. En effet, nombreuses sont les personnes qui consomment passivement de la culture, ou plutôt un ersatz de culture. Nous savons bien qu'une grande partie de la production dite artistique n'a rien à voir avec l'art. S'en contenter, c'est ingérer une nourriture médiocre, souvent malsaine. Il faut faire un tri sévère dans ce qui nous est proposé. En fait, rares sont les œuvres qui nous parlent du fondamental, de cette nécessité de devenir soi-même. Ce sont ces œuvres, il va de soi, qu'il importe de détecter et de fréquenter. Si on sait accueillir ce qu'elles ont à nous donner, alors elles nous aident à nous construire, à aller plus avant sur le seul chemin où il faille s'aventurer.

*
* *

Certains êtres n'ont aucun attrait pour l'intériorité. Pour autant, ils ne sont ni coupés d'eux-mêmes, ni moins vivants que ceux qui sont reliés à leur magma.

Mais il faut distinguer deux cas.

On peut avoir une réalité interne pauvre, privée de toute dimension spirituelle, et pleinement participer à la vie.

On peut aussi avoir une riche intériorité, et parce qu'on est d'emblée accordé à soi-même, adhérer à la vie sans avoir à emprunter le long chemin dont je parle.

Dans les deux cas, de tels êtres sont foncièrement eux-mêmes et n'ont aucun obstacle à vaincre pour s'offrir sans réserve à la vie. (Leur expliquerait-on ce que sont les difficultés de la quête, qu'ils considéreraient sans doute que c'est faire beaucoup d'histoire pour tenter d'obtenir ce qu'eux possèdent sans avoir eu à le chercher.)

Il faut se garder d'établir une hiérarchie entre les hommes. Chacun de nous est insondable et la vie peut prendre des visages si différents.

Le plus grand malheur qui puisse frapper un être, c'est l'impuissance : l'impuissance à aimer, à se donner, à créer de la vie.

En réalité, ce qui octroie sa valeur à un être, c'est sa capacité à aimer.

*

* *

Forcément, cette aventure a retenti sur le corps. Il était le lieu de l'empoignade tout autant que l'espace interne. Il a connu lui aussi l'épuisement, a été victime d'une fonte musculaire. Il était lourd, se traînait, subissait des tensions et des affrontements qui le violentaient et l'exténuaient. Mais après avoir abrité une naissance, il a été léger, a retrouvé l'aisance qu'il avait à l'adolescence.

C'est la totalité de l'être qui vit cette quête de soi, et je n'ose penser à ce qui se serait passé si un jour ou l'autre mon corps s'était montré défaillant.

D'une certaine façon, j'ai déjà traversé la mort. Cependant, il m'est difficile de dire si j'en ai encore peur.

À supposer que je sois conscient le jour où elle se présentera, quelle sera alors ma réaction ? Je ne peux l'imaginer. Quand j'étais adolescent, j'ai beaucoup pensé à la mort, mais plus maintenant. Avoir accepté un jour de disparaître devrait m'aider à surmonter cette angoisse qui bien souvent la précède. Je dois reconnaître que je ne suis pas préoccupé de savoir si je lui ferai ou non bonne figure. Mais si elle n'éveille en moi, pour l'instant, aucune crainte, peut-être est-ce dû au fait que je suis bien portant et qu'il me plaît de croire qu'elle saura encore patienter. Au vrai, seule requiert mon attention cette présente vie mienne qu'il me faut remplir du mieux que je peux.

La mort sera sans doute la fin. L'idée d'avoir à tout quitter, tout abandonner paraît à l'homme intolérable, et pour échapper à l'angoisse qu'elle suscite, il veut croire qu'il ressuscitera, ou qu'une part de lui-même lui survivra, qu'il retrouvera dans l'au-delà les êtres chers qui l'auront précédé dans la tombe. Je ne crois pas à tout cela. Quand on parvient à se dépouiller, qu'on se résigne à ce que la mort soit la fin de tout, l'approche de cet instant doit moins angoisser que lorsqu'on refuse de se quitter, de consentir à n'être rien. S'accrocher à soi-même, à son passé, à ses possessions mentales et matérielles, c'est assurément voir la mort se dresser comme une réalité effrayante, inacceptable. Jusqu'alors, je n'ai pas cédé à cette frayeur. Vivre le *soi*, c'est aussi apprendre à inclure la mort dans la vie.

Les mystiques

J'ai dévoré les œuvres des mystiques. Puis les ai relues et méditées pendant plusieurs années.

À cette époque, j'avais bizarrement peur que ma soif ne me déserte. En les lisant, je la sentais vivre. Je l'enracinais plus profondément en moi, la protégeais, ne cessais de l'attiser.

J'admirais leur passion. J'admirais qu'ils aient su si bien décrire ce qu'ils avaient vécu. Ce qu'à mon niveau je vivais, mais que je vivais en une région de moi-même à laquelle ma pensée n'avait pas accès. J'admirais aussi qu'ils aient été possédés par une soif qui les avait portés à des hauteurs qui excédaient les possibilités humaines.

Ils me parlaient d'humilité. De passivité. De connaissance. De la nécessité de parvenir au non-vouloir, au non-savoir, au non-pouvoir. Je comprenais sans comprendre, sentais que j'avais à aller dans cette direction. J'étais un volontariste rongé d'impatience. Je voulais brûler les étapes et forcer le passage. Ces lectures m'aidaient à œuvrer en moi-même. Mais je voulais ne pas vouloir, et le mur à franchir était toujours là.

Des paroles du Christ ont également beaucoup compté pour moi. Par exemple celle-ci :

Qui veut sauver sa vie la perdra,
mais qui perdra sa vie à cause de moi,
celui-là la sauvera.

Une parole tranchante. Qui m'a grandement réconforté le jour où j'ai pu la comprendre et me l'approprier. Celui qui avait abandonné ses études pour se clarifier et s'unifier, peut-être n'avait-il pas à s'effrayer à l'idée qu'il perdait sa vie et serait pris pour un raté.

Des phrases se sont gravées en moi et m'ont guidé, porté, parfois illuminé pendant des jours. Je n'en citerai que quelques-unes : Thérèse d'Avila :

Sachez vous mettre dans le vrai.
N'aspire point à jouir avant d'avoir souffert.
Notre désir est sans remède.

Maître Eckhart :

Nous sommes la cause de tous nos obstacles.
Seule la main qui efface
peut écrire la chose vraie.

Jean de la Croix :

Pour arriver à ce que vous ne savez pas, vous devez passer par où vous ne savez pas.
Là où il n'y a pas d'amour, mettez de l'amour et vous récolterez de l'amour.

Hadewijch d'Anvers :

Où est l'amour sont aussi lourdeurs et lourdes peines
... hors des chemins de la pensée humaine.

Catherine de Sienne :

Il faut d'abord avoir soif.

Oui, bien que j'aie du mal à l'avouer, je reconnais que durant ces années, j'ai aimé marcher sur les traces de ces êtres incandescents. Je marchais bien sûr fort loin derrière eux, en proie à cette tristesse dont parle Léon Bloy. La tristesse de n'être pas un saint.

De n'avoir pas été favorisé d'une passion aussi dévorante. La tristesse de savoir que je ne connaîtrais jamais ces instants embrasés qui les projetaient hors du temps.

*
* *

Les mystiques délivrent tous le même message, et toutes les religions mettent au premier plan la nécessité de l'abnégation, de la tolérance, de la bonté, de la compassion, de l'amour. Les poètes mystiques, les sages, les saints, les mystiques ne nous disent rien d'autre. Tous nous donnent à entendre le même discours : les vicissitudes de la tribulation intérieure, ce feu qui les brûle, les périodes d'aridité, cette félicité qu'ils éprouvent lorsqu'ils accèdent à l'ultime réalité. Ils parlent de concentration, de recueillement, de discipline, d'humilité, de véracité, d'impureté et de pureté, de connaissance, de sagesse, de perfection, de joie, de lumière, d'amour... De l'indicible.

Certes, les chemins diffèrent, les formulations diffèrent, mais il est facile de voir que ces textes sont issus d'une même source, d'une même expérience. Depuis de nombreux siècles, la substance interne de l'être humain n'a pas changé. Tous ces textes ont même saveur, même parfum. Qu'importe si l'un d'eux met en relief plus qu'un autre tel aspect de la quête. On conçoit bien que Tauler n'a pu s'exprimer comme Kabir, François d'Assise comme Rûmî, Maître Eckhart comme Toukaram, ce poète marathe illettré. Mais tous parlent d'une même réalité, usent des mêmes notions, souvent des mêmes mots. Dès lors, négligeant les différences, nous pouvons les écouter et nous appliquer à vivre ce qu'ils disent.

La démarche du mystique et celle de l'artiste me semblent similaires.

Ma conception de l'artiste a découlé de ce que j'ai vécu.

Comme je l'ai déjà indiqué, l'écriture m'a accompagné tout au long de mon aventure. Elle a été l'outil à l'aide duquel j'ai procédé à mes fouilles en même temps qu'elle recueillait ce qu'elles me faisaient découvrir. Elle a été constamment associée à ce travail d'élagage, puis de refonte de ma personnalité auquel je me suis livré. Écrire, ce fut donc pour moi suivre une démarche qui me paraissait assez semblable à celle des mystiques. La lecture de leurs écrits et la passion que j'ai conçue pour ce qu'ils étaient, pour ce qu'ils avaient atteint, m'ont poussé à les prendre pour modèles. Je savais mieux que quiconque tout ce qui me séparait d'eux, mais du moins ils me montraient le chemin que j'avais à parcourir. En outre, à leur ombre, je cessais de porter sur mon aventure un regard de dérision.

Dès l'adolescence, j'ai eu la conviction que la vie d'un homme peut être, doit être une lente et régulière élévation. Toutefois, à l'époque, j'étais à ce point défait qu'il n'était nullement question d'élévation, mais bel et bien d'affaissement, et les mystiques m'aidaient à ne pas m'écrouler.

À nouveau, je dois préciser que tout cela n'était pas conscient. Il y avait en moi durant ces années une telle confusion que ma capa-

*
* *

Je ne prie plus, du moins au sens où on l'entend généralement. Mais lorsque l'écriture est gouvernée par le soi, il me semble qu'écrire peut être une forme de prière, de contemplation.

Pour écrire, je m'établis dans le silence, me coupe du temps, rejoins mon centre et me mets à l'écoute de la voix. Tandis que la main écrivante reste inerte pendant de longs moments, la pensée erre, demeure attentive à ce qui survient. Se tenir au plus près de la source, sentir frémir le soi, ne serait-ce pas une manière de toucher au sacré ?

Pour beaucoup de croyants, prier, c'est trop souvent solliciter dieu pour qu'il octroie aide, protection, réussite. Une fois, me trouvant dans une petite ville du Sud-Ouest, j'étais entré dans l'église pour m'y recueillir un instant. Sur une petite table était placé un cahier où des fidèles demandaient à dieu de leur accorder une faveur. Feuilletant ce cahier, j'ai cru parcourir le catalogue de toutes les misères et détresses humaines. C'était bouleversant et je comprenais – ô combien – que tous ces êtres s'adressent à dieu pour le supplier de leur prêter assistance. Pourtant, il m'avait paru que des croyants devraient avoir avec lui un rapport d'une autre nature.

Prier et contempler – les deux sont indissociables – c'est, me semble-t-il laisser émerger le meilleur de soi et s'ouvrir à l'illimité.

Dieu

Les mystiques chrétiens disent l'importance de la rencontre d'un Autre qu'eux-mêmes pour accéder à leur source. Ils parlent d'une altérité en eux. Mais à mon avis, ce dieu dont ils postulent l'existence n'est autre que ce qu'on appelle le soi. Quand ils écrivent que dieu leur parle, qu'il leur donne des instructions, les met en garde contre la tentation, il est manifeste qu'ils prennent pour la voix de dieu leur propre voix intérieure. Or cette voix, rien ne peut en indiquer l'origine. Elle est en nous d'une totale étrangeté. Elle énonce parfois des choses si énigmatiques, si contraires à ce que nous sommes ou imaginons être, qu'ils ont tout naturellement pensé qu'elle était la voix de dieu – un être transcendant, extérieur à eux, lointain en même temps qu'intime. Dieu, croyaient-ils, était donc cet autre qui murmurait au secret d'eux-mêmes.

À l'écoute de cette voix, j'ai été souvent

empli de trouble, ai eu la sensation d'être le lieu d'un mystère lorsqu'elle haussait le ton, se faisait impérieuse, me réveillait la nuit pour me dicter un poème.

À l'adolescence, je suis passé d'une foi d'enfant à une non-foi d'adulte. Un enfant, que peut-il savoir de dieu et de la religion ? Sa pensée, son pouvoir de réflexion restent très limités, et ce qu'il éprouve, c'est sous l'influence de ses parents, de sa famille. Ma foi d'enfant était donc le fruit d'une imprégnation. Dans cette école militaire dont j'ai parlé, la religion n'était guère présente, et ma foi toute superficielle a disparu sans que j'aie traversé la moindre crise.

Mon éducation religieuse, ai-je dit, semblait n'avoir laissé en moi aucune trace. C'est sans doute inexact. Ma mère adoptive était une femme pieuse et de grand cœur. Elle a façonné ma sensibilité et m'a transmis des valeurs auxquelles je suis resté fidèle.

De temps à autre, j'ouvre une de mes bibles et relis quelques pages. La personne et l'enseignement du Christ me parlent, me provoquent, et sa figure est en moi une présence vivante.

Ce qu'on m'a appris, enfant, à son sujet, ne s'est jamais effacé de ma mémoire, et les noms des lieux et des villes liés à son histoire, sont toujours restés empreints pour moi de quelque chose de particulier. La sœur d'une amie habite en Israël. Quand elle revient en France, que je l'entends parler de la Galilée, du lac de Tibériade, de Bethléem, je suis pris d'une intense émotion.

Il peut paraître paradoxal que la question de l'existence ou de la non-existence de dieu me laisse indifférent, alors que j'accorde une importance de premier plan à l'expérience spirituelle.

L'image, la représentation qu'un croyant se fait de dieu est la projection de ce qu'il est. Chaque croyant a donc avec dieu un rapport spécifique. On peut tout de même avancer qu'en général, si on croit en dieu, c'est par besoin d'être aimé, compris, aidé, consolé, secouru. Nous sommes confrontés à de telles énigmes – la vie, le temps, la mort, cet être qui est nous et que nous n'avons pas choisi – nous portons en nous de telles peurs, une telle angoisse, qu'il nous faut croire à toute force en l'existence d'une puissance supérieure qui veille sur nous, d'un père à qui nous confier et auquel faire appel quand une épreuve nous frappe.

En travaillant ma réalité interne, je suis parvenu à éliminer – dans la mesure du possible – ces peurs, cette angoisse, ce besoin de sécurité, ce besoin de vénérer plus grand que soi, qui nous habitent. Ainsi n'y a-t-il plus en moi ce qui rend nécessaire l'adoption d'une telle croyance.

Quant à savoir d'où vient l'univers, si un dieu l'a créé, je laisse à d'autres le soin d'en débattre...

Un prêtre ami, le père Baudiquey – un passionné qui connaît la peinture et la littérature mieux que personne – a observé qu'il est plus facile de croire en dieu que de croire en soi-même. C'est là une vérité qu'il n'est pas inutile de méditer.

Parfois, il arrive que la croyance en dieu soit un empêchement à s'engager dans la quête de soi, à effectuer ce travail intérieur qu'exige la vie spirituelle.

Croire en dieu, c'est aussi très souvent entrer dans le cadre d'une religion. On s'engage à obéir, on se soumet à certains préceptes, certains dogmes, on reçoit des réponses, on s'en remet à dieu du soin de diriger nos destinées, et prenant l'habitude de se tourner vers lui, on se détourne de soi.

Mais ce que je dis là est très général, et il conviendrait sans doute de mieux cerner la question. Car il y a croyants et croyants.

Il y a ceux pour qui dieu est une fuite, un moyen facile d'échapper à soi-même. Ceux pour qui – selon une formule connue – dieu est « le bouche-trou de nos insuffisances ».

Et il y a ceux qui ont une vraie vie spirituelle et dont l'engagement répond à une haute exigence.

Dans ces deux cas, le rapport à dieu est tout différent. Pour les premiers, dieu est une manière d'éluder la question et de se faire prendre en charge. Pour les seconds, il est celui qui les pousse à cheminer.

Il y a encore une autre sorte de croyants. Ceux qui ne vivent la religion que dans leur tête, sans que leur être intérieur soit concerné. Ce que je dis là, on l'observe également chez des personnes qui parlent de l'aventure intérieure sans l'avoir vécue. Mais ils n'abusent que leurs semblables. En ce domaine, nul ne peut mentir.

Autrui

Naître à soi-même, ce n'est pas se retrouver enfermé dans une tour d'ivoire. Tout au contraire, c'est pouvoir s'ouvrir aux autres, au monde, à la vie. Quand on s'est mis en ordre, qu'on a réglé ses problèmes, qu'on n'a plus peur d'autrui, on est enfin capable d'aimer. On considère l'autre en fonction de cette part commune qui veut que nous soyons tous profondément semblables. Dès lors il n'est plus un étranger et on peut nouer avec lui des relations pleines de liberté et de franchise. Attentif à l'autre, on saura mieux le percevoir, le comprendre, l'apprécier, et on pourra éventuellement lui être un appui. Jamais la vie n'aura paru plus riche.

Au sortir de sa nuit, quand il redécouvre la création, Jean de la Croix exulte, pousse un chant de triomphe : « Les cieux sont à moi, la terre est à moi, les nations à moi… »

*
* *

Le soi comporte une exigence morale stricte. Certes, le moi est comme une hydre et on ne peut jamais se flatter d'en être totalement affranchi.

Néanmoins, puisqu'un long chemin a été parcouru, obéir à cette exigence ne demande pas de si gros efforts. Bien des désirs, des avidités, des convoitises, des jalousies, ... sont tombés. L'être s'est durement dépouillé, et il n'a pas à s'imposer des contraintes et des sacrifices pour avoir une conduite authentiquement morale. Plotin nous le rappelle : « Le Bien est plein de douceur, de bienveillance et de délicatesse. Il est toujours à la disposition de qui le désire. »

*
* *

Certaines personnes estiment que vouloir se connaître par le seul regard qu'on porte sur soi, est une grossière illusion, et que nous ne pouvons parvenir à la connaissance de soi qu'à travers le regard qu'autrui porte sur nous.

Platon pensait de même : « Une âme, si elle veut se connaître, c'est dans une âme qu'elle doit se regarder. » Mais cela me paraît discutable.

Si autrui a de moi une perception erronée, il ne me sera d'aucune aide. Mais si je suis dans la confusion et qu'il me fournisse de bonnes informations, je ne saurai pas en tirer parti. Autrui ne me fera progresser dans cette connaissance que si je suis clair et réceptif, et s'il a eu la juste perception de certains contenus de ma psyché qui me demeurent opaques.

On m'a dit un jour : « On ne peut pas se connaître, car on ne peut pas se voir passer dans la rue. » Mais une telle affirmation est inepte. Ce qui est de l'ordre de la réalité physique n'a rien de commun avec la réalité interne et les mettre en relation n'a pas de sens.

Pour aller à la rencontre de soi, il faut prendre des risques, s'engager corps et âme dans l'aventure. Il faut avoir la passion d'être vrai. Il faut faire preuve de courage et de ténacité. Il faut avoir la force de surmonter des crises. Il faut savoir endurer la solitude. Mais avant toutes choses, il faut avoir une perception directe de soi. Pour ce faire, j'avais mis en pratique la leçon apprise de William Blake, lequel pensait qu'il importe en premier lieu de « nettoyer les portes de la perception ».

Dans ce domaine de la quête de soi, on ne peut rien décider, rien vouloir. On ne peut que subir. Et espérer voir éclore un jour la douce et printanière lumière de la seconde naissance.

*

* *

Parfois, il peut arriver que les autres soient des obstacles. Mais il est certain que les obstacles se travaillent. D'ailleurs il ne faut pas se cacher qu'ils sont toujours à l'intérieur de nous. La liberté se conquiert d'abord en soi-même. Quand on est clair et libre, bien des situations apparaissent sous un autre jour.

Au cours de ce voyage intérieur, des écrits, des personnes, des circonstances peuvent être une aide importante et durable. Mais chaque aventure est unique et chacun avance à son rythme. Chacun est seul. Seul au bout du compte à intervenir en lui-même. Seul à savoir quel usage il fait des éléments qu'il se procure ou qui lui sont donnés.

Table des matières

Dans la même collection :

Yann Andrea, *Dieu commence chaque matin.*
Georges-Arthur Goldschmidt, *En présence du Dieu absent.*
Jean Grosjean, *Si peu.*
Marc-Alain Ouaknin, *Dieu et l'art de la pêche à la ligne.*

Achevé d'imprimer en France
par l'imprimerie Hérissey
à Évreux (Eure)
N° d'éditeur : 2285
N° d'imprimeur : 90750
Dépôt légal : octobre 2001